RÉCLAMATION

DES RENTIERS

ET

PENSIONNAIRES DE L'ÉTAT,

AU

DIRECTOIRE EXÉCUTIF.

A PARIS,

DE L'IMPRIMERIE DES PETITS-PÈRES.

AN VI DE L'ÈRE FRANÇAISE.

APPEL

DES RENTIERS

ET

PENSIONNAIRES DE L'ÉTAT,

AU

DIRECTOIRE EXÉCUTIF.

Cɪᴛᴏʏᴇɴs ᴅɪʀᴇᴄᴛᴇᴜʀs,

Des hommes, dont les noms honteusement fameux seront répétés dans l'histoire de la révolution, ont dit souvent, à quiconque a voulu l'entendre, que nous avions fait preuve de démence en servant l'état, de nos capitaux et de nos lumières ; qu'ainsi nos réclamations pouvoient exciter, tout-au-plus, le sentiment d'une froide pitié.

Alors, dans l'opinion de ces mêmes hommes, nous aurions, sans nous en douter, encouru la peine d'un délaissement inconnu dans les annales du monde.

Alors encore, nous formerions une caste de

A

336 mille individus dont l'extinction seroit un bienfait pour l'espèce humaine.

Telle n'est pas votre pensée, citoyens directeurs, et nous aimons à le croire.

Cependant nous osons le demander. Qu'a-t-on fait, depuis l'établissement du régime constitutionnel, pour rendre notre agonie et moins lente et moins affreuse ? Au milieu des grands intérêts qui vous occupent, peut-être ignorez-vous à quel point se sont accumulées nos misères ; pour vous en donner une idée, approuvez que nous vous signalions ceux d'entre nous qui n'ont pas encore disparu de la surface du globe.

Cet homme à la physionomie décharnée, à l'œil cave, au regard timide, à la voix éteinte ; cet homme couvert de haillons, qui vous cherche et n'ose vous aborder, qui se traîne péniblement, s'arrête à chaque pas, détourne la tête à l'aspect des témoins de son ancienne opulence, et ne répond que par des larmes et des sanglots à celui qui l'interroge : c'est un rentier.

Cet homme étendu sur un grabat, accordé par la commisération, logé parmi la paille et le foin dont se nourrissent les chevaux du valet qui jadis s'inclinoit en sa présence ; cet autre qui n'a plus qu'un instant à vivre, et dont la mort n'aura pour témoin que le ciel ou l'obscurité du grenier qu'il occupe : c'est un rentier.

Cet homme qui dévore en secret des alimens dérobés à la fange, ou dans l'état de crudité où ils sont en sortant des mains de la nature, dont l'imagination délirante convoite, avec une rage impuissante, la pâture largement prodiguée aux animaux que renferme l'enceinte du jardin des Plantes; cet autre, couché sur le lit de la mort, entre des cadavres sur lesquels la corruption se manifeste déjà : c'est un rentier.

Cette femme qui assiste l'humanité à ses derniers momens, et respire auprès du malade la contagion et la mort; cette femme réduite aux fonctions humiliantes de la domesticité, confidente et témoin de deux époux adultères : c'est une rentière.

Cette femme arrêtée dans sa marche par une courtière aux gages de la prostitution, et qui pâlit à la seule pensée de devoir la prolongation de son existence au salaire de la honte et de l'infamie : c'est une rentière.

Cette fille au front virginal, au maintien modeste, égarée dans ses pas, ne sachant à qui révéler le secret de ses peines, offrant au premier venu l'ouvrage de ses mains, baisant avec transport le salaire qu'elle en reçoit, et revolant auprès d'un père qu'elle a laissé mourant : c'est une rentière.

Cette fille résolue au sacrifice de sa chasteté, parce que la nature lui ordonne de s'immoler pour l'auteur de ses jours; cette fille introduite mystérieusement dans le palais où la puissance marchande l'honneur et la vertu; cette autre qui maudit le lâche qui l'a trompée, le ciel qui l'a rendue féconde, l'enfant qui doit partager son indigence et son déshonneur : c'est une rentière.

Cet enfant en bas âge, que l'on appelle *l'espoir de la patrie*, qui expire de besoin sur le sein desséché de sa mère; cet enfant délaissé dans la voie publique, et dont le nom sera porté

demain sur les registres mortuaires des hospices; cet autre, abandonné, qui ne sait encore
articuler le nom de ceux qui lui donnèrent
l'être, qui tend ses mains innocentes à celui
qui lui sourit, et l'invite à lui servir de père;
cet autre encore, exposé la nuit à la commisération, que des chiens affamés dévorent et se
partagent : c'est un rentier.

Ces vieillards, entassés les uns sur les autres
dans les cachots réservés au débiteur insol-
vable comme au débiteur frauduleux, et dont
quelques miettes d'un pain noir et mal sain,
irritent la faim plutôt qu'elles ne l'assouvissent:
ce sont des rentiers.

Ces vieillards insultés par des hommes sans
pitié; ces vieillards devenus l'objet de leurs ri-
sées et de leurs amusemens coupables ; ces
vieillards écrasés par des voitures que, dans
leur foiblesse, ils n'ont pu éviter, et qui, au
milieu des douleurs les plus aiguës, bénissent
le ciel d'avoir hâté le terme de leurs souffrances:
ce sont des rentiers.

Ce jeune homme sans emploi, sans espoir de
s'en procurer, sans ressource, sans protecteur,
pour qui l'avenir n'a que des supplices et des
tortures, et dont la main prépare, sans effroi,
le breuvage homicide qui doit lui donner un
sommeil éternel : c'est un rentier.

Ce jeune homme, dont le corps inanimé flotte
encore sur la vague qui va bientôt l'engloutir ;
ce jeune homme exposé à vos regards dans des
charniers horribles, victime d'un suicide qui
révolte la nature et la loi: c'est un rentier.

Ce peuple entier de spectres, de mourans, qui

errent autour de la tombe, où chaque jour, chaque minute précipitent leurs pas : ce sont des rentiers.

Voilà, citoyens directeurs, une esquisse trop foible encore du tableau de notre situation ; jamais nous ne pourrions en atteindre la parfaite ressemblance. Puissiez-vous en être émus! Puissiez-vous en même temps vous rappeller que nous ne sommes pas des êtres vils et méprisables, et que, comme citoyens Français, comme membres de la grande famille, nos droits sont écrits sur la même ligne que nos devoirs !

Arrivés à cette période de la vie où les considérations se taisent, où cesse l'empire de la crainte, veuillez nous prêter votre attention. Ce que nous avons à vous dire est de la plus haute importance sous les rapports de la politique, de la justice et de l'humanité. En remplissant la tâche pénible que nous nous sommes imposée, nous ne perdrons pas de vue la circonspection, le respect dû aux premiers magistrats de la république. Malgré la crise violente et prolongée qui nous tue, loin de nous toute comparaison tranchante, toute réflexion amère! Nous citerons des faits ; nous invoquerons des principes : notre langage ne sauroit vous déplaire, car il sera celui d'hommes libres, celui aussi qu'inspire et autorise l'impérieuse nécessité, cette loi dont le poids irrésistible ne connoît point d'entraves. Vous ne prendrez pas l'accent de la plainte pour le cri de la révolte, et vous ne confondrez pas l'infortuné qui souffre, avec le scélérat qui conspire.

A 3

Le premier..... et certes le plus bel attribut de la puissance suprême, c'est la JUSTICE.

La volonté nationale, en confiant au directoire exécutif le dépôt de l'une, lui a, *par cela seul*, prescrit impérativement la pratique constante de l'autre.

La suspension indéfinie du paiement des arrérages de nos rentes et pensions est-elle en concordance avec ces vérités éternelles, quelquefois méconnues et jamais ébranlées? Telle est la question que nous allons examiner.

Déjà, et depuis long-temps, on croyoit servir ces arrérages avec une valeur représentative qui ne représentoit rien, tandis qu'on payoit les fournisseurs moyennant des quantités d'assignats calculées sur le discrédit de cette monnoie.

Déjà nous avions épuisé nos ressources pour combler l'intervalle entre le prix toujours croissant des subsistances et le cours toujours décroissant de ce désastreux papier.

Déjà aussi, après des sacrifices successivement plus ruineux les uns que les autres, nous avions eu la douleur de voir, *provisoirement*, disoit-on, et, *attendu les circonstances*, nos arrérages réduits à un quart payable en numéraire, et le surplus converti en un autre papier bientôt devenu la proie de l'agiotage, à raison de ce qu'il étoit hors de toutes nos convenances, et que nous ne pouvions même nous en servir pour acquitter nos propres créanciers, lorsque la loi du 9 vendémiaire, cette loi si subitement conçue, proposée et sanctionnée au milieu des convulsions du plus violent orage politique, cette loi attentatoire au pacte social, à laquelle nous obéissons, mais que la raison improuve, vint, comme la foudre, frapper plus de trois cent mille familles, de la réduction définitive à un tiers de leurs rentes et pensions.

Et ce fut là le prix de cette patience véritablement civique, avec laquelle, toujours pleins de confiance dans l'honneur national, nous attendions, *sans le plus léger murmure*, des temps plus prospères pour rentrer dans la perception intégrale de nos arrérages!!

Mais ce tiers..... ce triste débris de notre fortune, de nos capitaux prêtés, et de nos services rendus au gouvernement, nous est-il au moins régulièrement payé?

Eh! non. À peine a-t-on entamé le paiement de la portion en numéraire échue au premier germinal an cinq; encore la majeure partie de ce paiement encommencé n'a-t-elle été effectuée qu'en *bons* admissibles en acquittement de contributions directes.

Lorsque l'autre partie de ce même semestre, à raison du quart, sera soldée, nous aurons de plus à réclamer :

1°. La totalité du dernier semestre de l'an cinq, sur le pied du tiers conservé.

2°. La totalité du premier semestre de l'an six, sur le même pied.

3°. Tout-à-l'heure pareille somme pour le semestre suivant.

L'imagination reste confondue en comparant ce retard meurtrier avec la loi qui prononce la mobilisation de la dette publique. Le considérant de cette loi porte que « *la défense » de la république*, le SORT DES RENTIERS,

» *nécessitent qu'on assure la rentrée et la*
» *disponibilité des fonds nécessaires pour*
» *faire face aux dépenses* ».

A l'aspect de ces diverses expressions, qui semblent *prescrire l'accélération du paiement des rentes*, qui n'auroit cru que tout ce qui, à cette époque, en étoit dû, alloit être acquitté sans délai ?

Pouvions-nous avoir une autre opinion, nous qui, depuis tant d'années, nous alimentions d'espérance, nous qui la saisissions avec l'avidité du besoin ?

Eh bien ! nous voilà de nouveau déçus dans notre attente. Quel supplice ! et quel en sera le terme ?

A quoi donc devons-nous imputer cette déchirante continuité de nos souffrances ?

Nous avons le courage de le dire : c'est à vous, citoyens directeurs, à vous-mêmes. . . . . . puisque, *seuls*, vous avez le droit de régler l'ordre d'urgence dans les distributions décadaires des diverses natures de paiemens à faire par la trésorerie nationale.

Ne considéreriez-vous donc pas l'acquittement des rentes comme l'une *de ces branches du service public*, à l'égard desquelles *l'activité* prescrite par la loi soit le plus nécessaire ?

Vous pourriez cependant avoir entendu dire que la faim ne s'ajournoit pas. Or, c'est du pain que nous attendons. . . . . pour le dévorer arrosé de nos larmes.

La loi auroit-elle manqué de pourvoir aux fonds nécessaires au paiement de cette partie de dépenses ?

Non, puisque dans les 616 millions de celles

prévues pour l'an six, sont formellement compris les 83,333,333 francs, à quoi s'élève le tiers conservé des rentes et pensions.

Y auroit-il, du moins, soit sur la nature, soit sur la quotité du gage affecté à cette partie de dépenses, des doutes propres à légitimer la suspension de paiement qu'elle éprouve?

La réponse à cette question se trouve dans la loi. Lisons l'article CX; il est ainsi conçu :

« *Le produit net des contributions admi-* » *nistrées par la régie de l'enregistrement, et* » *subsidiairement les autres contributions* » *indirectes , sont et demeurent* SPÉCIALE- » MENT AFFECTÉES *jusqu'à due concurrence* » *au paiement des rentes et pensions con-* » *servées* ».

Or, les contributions administrées par la régie de l'enregistrement, d'après le tableau des revenus de l'an six, consistent, savoir :

francs.

1°. En affectation principale :
dans l'enregistrement évalué à   70,000,000
— Le timbre, *idem* à.......   16,000,000

Ensemble.....   86,000,000

2°. En affectation subsidiaire :
en ne prenant que les hypothè-
ques et les douanes évaluées sui-
vant le même tableau, à.........   16,000,000

Nous avions, par-là, un gage
montant en totalité à...........   102,000,000

Somme tellement supérieure aux 83,333,333 f.

à payer aux rentiers et pensionnaires, que, sous ce rapport, le cas d'insuffisance étoit hors de toute possibilité.

Il est vrai que la loi du 9 vendémiaire n'a trait à nous que pour l'an six; mais quoique nous n'ayons pas sous les yeux les mesures prises pour le paiement des rentes du premier semestre de l'an cinq, sur le pied du quart, et de la totalité du second semestre de la même année à raison du tiers conservé, nous n'en sommes pas moins parfaitement convaincus de l'existence de ces mesures dont l'exécution, comme pour le surplus, étoit du ressort du directoire exécutif.

Enfin, ce retard si accablant pour ce peuple malheureux livrés à tous les genres de besoin, prendroit-il sa source dans la lenteur de la perception des contributions qui leur sont *spécialement* destinées?

D'abord, en ce qui concerne l'an cinq, cette question doit être sans objet, puisqu'il est hors de doute que les revenus de ladite année sont rentrés, sinon présisément en totalité, au moins dans une proportion plus que suffisante pour libérer la trésorerie avec les rentiers et pensionnaires de ce qui leur est dû entièrement à l'an six.

En ce qui concerne les arrérages postérieurs, toute difficulté disparoîtra de même, si l'on fait attention que les revenus qui composent notre gage se perçoivent de jour à autre, d'heure à heure, à chaque instant : toute idée, tout prétexte de lenteur disparoissent donc ici, ce qui n'eût pas eu lieu dans le cas où l'affectation eût frappé sur des contributions directes, plus ou moins arriérées par la mauvaise volonté de quelques contribuables, par l'impuissance de beaucoup d'autres, ou la négligence des administrateurs et percepteurs.

Sans doute, une pareille affectation n'eût été rien moins que convenable pour des paiemens qui, *par leur destination, ne devoient jamais éprouver de retard, dès que le terme de leur échéance étoit arrivé.*

Déjà, citoyens directeurs, cette première partie de notre exposé démontre que c'est sans fondement que, jusqu'à ce jour, vous avez écarté de l'ordre d'urgence une multitude de créanciers dont la déplorable situation accroît à chaque instant le désespoir.

Oh! que le représentant Rousseau la connoissoit bien cette situation! oh! comme il en étoit profondément affecté, lorsque, s'opposant avec énergie à la sanction de la loi du 9 vendémiaire, et déplorant avec sensibilité le sort des victimes qu'elle alloit immoler, il disoit à la tribune:

« A l'un, c'est la substance que l'on ravit; à » l'autre, le repos et les secours nécessaires à » ses enfans ou à sa vieillesse; à celui-ci, l'es- » poir et les moyens d'établir sa famille; à » celui-là, les seuls débris qu'il ait pu sauver du » naufrage révolutionnaire.

» Pour la plupart, (car la douleur est soup- » çonneuse) ce projet *est*, avec la certitude » d'une perte déjà prononcée des deux tiers, » *le présage désespérant de l'anéantisse-* » *ment même du tiers qu'on* FEINT *de leur* » *laisser* ».

Eh bien! lorsque ces tristes vérités se faisoient entendre dans le sénat, depuis long-temps hélas! elles étoient applicables à la très-grande majorité de ceux dont l'orateur plaidoit la cause.

Ces mêmes vérités, qui donnent si bien la mesure de nos malheurs, de ces malheurs qui continuent leurs ravages, pouvez-vous, citoyens directeurs, les ignorer? Ah! si elles ont pu pénétrer l'épaisseur des murs de votre palais, comment est-il possible que les sentimens d'une tendre humanité ne prennent point dans vos cœurs la place de ces froides combinaisons qui dirigent vos décisions administratives sur l'emploi des fonds destinés à l'acquittement des dépenses annuelles?

L'oubli dans lequel vous nous laissez, seroit-il donc la voie par laquelle on nous prépareroit *lentement* à l'anéantissement dont parloit le représentant Rousseau, et que dès lors notre douleur présageoit?

Eh! quoi de plus propre à confirmer ce sinistre augure dans l'esprit d'un grand nombre d'entre nous, que votre arrêté du 17 messidor, par lequel « les commissaires de la trésorerie « sont autorisés à délivrer aux rentiers et pen- » sionnaires, pour les arrérages échus de leurs » rentes et pensions, pendant le second se- » mestre de l'an cinq et les six premiers mois » de l'an six, des *bons admissibles en paie-* » *mens des contributions foncières et per-* » *sonnelles, tant courantes qu'arriérées?* »

En effet, de quelle utilité nous seront ces valeurs, si vous avez franchement l'intention de mettre la trésorerie au courant avec nous, et en numéraire ? N'est-il pas évident qu'en ce cas nous n'aurions pas besoin de ce papier auxiliaire pour nous acquitter de nos contributions ? D'une main, nous recevrions du numéraire, et de l'autre nous l'emploierions jusqu'à due concurrence à nous libérer avec les percepteurs.

Vraisemblablement on nous répondra que ces *bons* seront d'une grande commodité pour les rentiers et pensionnaires contribuables, en ce qu'ils leur éviteront l'embarras, les frais de transport et les risques ; soit, mais il nous sera permis d'observer :

1°. Que les quatre cinquièmes d'entre nous sont domiciliés à Paris ; que cette pensée sera, tout-au-plus, celle du petit nombre, composé seulement d'hommes un peu habitués aux affaires, car la très-grande majorité n'envisagera qu'en *frémissant* cette nouvelle émission d'une monnoie fictive, *dont l'usage est rigoureusement restreint à une destination unique ;* et ingénieux à creuser l'abîme dans lequel on les a précipités, ils n'y verront, en dernière analyse, que *l'anéantissement* dont le représentant Rousseau avoit fait retentir le principe sous les voûtes du sénat.

2°. Qu'en supposant la non-existence de ce danger, le mode résultant de l'arrêté du 17 messidor blesse évidemment l'égalité relative qui doit régner entre les rentiers et pensionnaires, attendu que les uns sont plus, les autres moins chargés de contributions ; par exemple :

Celui d'entre ces créanciers qui, par ses propriétés rurales, devroit 2,000 francs de contribution foncière, et 400 francs de contribution mobiliaire, personnelle et somptuaire, et qui auroit reçu des bons pour 2,400 francs formant la somme de son tiers consolidé en rentes et pension, se libéreroit sans bourse-délier, de pareille somme, montant de la totalité de ses contributions : sans doute celui-là auroit perçu ses arrérages aussi réellement que s'ils lui eussent été payés en numéraire; il n'auroit point à se plaindre.......... si pourtant il pouvoit oublier la perte des deux autres tiers.

Mais cet autre rentier qui ne doit que 400 francs de contributions, et dont le tiers consolidé monte à 4,000 francs, seule ressource qu'il ait pour vivre, ne pouvant recevoir en bons que 400 francs, il les emploiera, nous en convenons, à payer pareille somme au percepteur; et sous ce rapport, ils lui tiendront lieu d'écus ; mais les 3,600 francs formant le surplus de sa rente, quand les recevra-t-il?

Enfin, un troisième qui ne possède ni un champ, ni une chaumière, dont toute la fortune consiste en 2,000 francs de tiers consolidés, qui n'a à payer que vingt ou trente francs pour sa contribution mobiliaire et personnelle, ne touchera que ce contingent en *bons* de la trésorerie : c'est donc jusqu'à cette concurrence seulement qu'il jouira de sa rente de 2,000 francs?

Maintenant, citoyens Directeurs, c'est à vous à prononcer, si d'après ces exemples qui, dans le fait, sont multipliés à l'infini, votre arrêté maintient entre les mains des créanciers de la république, cette égalité relative et inhérente à leurs titres.

Et de ce que le mode que vous venez d'établir n'est pas nouveau ; de ce que déjà il a été mis en usage par rapport au quart du dernier semestre de l'an IV, et des six premiers mois de l'an V, on n'en conclura sûrement pas qu'il est équitable, même quand aucune réclamation ne se feroit entendre, car L'ÉQUITÉ EXISTE PAR SOI, abstraction faite des accidens, lesquels ne sauroient en altérer l'essence.

Comment donc faire cesser ce vice d'administration, ce manque de foi due à des engagemens, ce reproche si puissant dans la bouche de la malveillance ? Il n'y a pas deux manières : c'est *en exécutant les lois qui ordonnent et le paiement du quart et le paiement du tiers;* c'est en déclarant que, *pour la facilité des rentiers et pensionnaires qui auront des impositions à acquitter, il leur sera délivré les bons qu'ils desireront, et que le surplus de leurs arrérages leur sera payé en numéraire.*

Par là on fournira du pain à ceux qui en manquent et qui ont droit d'en avoir ; par là, on les mettra en état de *restituer* à des amis compatissans ce que, dans leur détresse, ils en ont obtenu à titre de secours ; par là aussi on rétablira le crédit public que le non-paiement des rentes et pensions a anéanti, et auquel l'arrêté du 17 messidor, va encore porter les plus funestes atteintes.

Oui, citoyens Directeurs, le non-paiement des rentes et pensions est la cause de ce mortel discrédit : oui, le prix démesuré des fournitures et de la main-d'œuvre ; cette baisse énorme, inouie, sans exemple dans aucun gouvernement, du cours public des capitaux

consolidés ; oui , toutes ces calamités provien-
nent de là.

Quoi ! ce cours est tombé à 14 pour cent,
espèces ! Quoi ! une inscription de 200 francs
de rente, représentant un capital de 4,000
francs, se vend *publiquement* 160 francs, et
l'agioteur qui débourse seulement 160 francs,
acquiert 200 francs de rente ! Quel nom donner
à cet état de choses ? D'autres le déclineront
pour nous.

Un autre effet du défaut de paiement des
rentes, c'est l'empressement du très - grand
nombre des rentiers à se défaire des leurs inscriptions : empressement qui dans les uns
émane d'une défiance extrême, d'une frayeur
qui supprime en eux toutes les facultés du raisonnement ; qui dans les autres est *irrésisti-
blement commandé* par la nécessité de pourvoir aux besoins les plus urgens ; empressement , enfin, qui en général a été suggéré par
cette nuée d'agioteurs dont la capitale est infec-
tée, dont toujours on promet de nous débarras-
ser, et dont toujours on ne nous débarrasse
pas , dont les propos empoisonnés, tenus en
confidence et avec l'accent de l'intérêt, ne ten-
dent qu'à prêter aux dépositaires de l'autorité
nationale des desseins subversifs des débris de
la fortune des créanciers de la république.

Et cependant , ces artisans de l'imposture et
de la fraude, achettent ce qu'ils ont pris tant
de soin de déprécier , dans l'espoir ou de reven-
dre à bénéfice, ou que, s'il arrivoit une nouvelle catastrophe, elle pourroit n'être que par-
tielle , et que leur coupable cupidité trouve-
roit encore à s'assouvir dans ce qui auroit
échappé à la réduction.

Leurs conjectures et les inquiétudes de quelques rentiers seroient-elles donc de nature à se réaliser ? Ce n'est qu'en tremblant que nous traçons ces lignes. . . . . . Ah ! nous ne pouvons croire ni le Corps législatif ni le Directoire exécutif capables de ravir ainsi à une multitude d'individus, jusqu'aux résidus destinés à leur existence, à leurs alimens de première nécessité, et cela en imaginant, pour la seconde fois, un remboursement fictif auquel on donneroit les couleurs d'un avantage réel, sous l'artificieux prétexte qu'il seroit opéré sur le pied de la totalité du capital, tandis que le cours public est à 86 pour cent de perte effective !

Loin de nous ! citoyens Directeurs, une idée si injurieuse à vous et au Corps législatif ; mais hâtez-vous de calmer les frayeurs dont plusieurs d'entre nous sont agités : hâtez-vous de rassurer ces malheureux par l'annonce et l'ouverture d'un paiement intégral ; mettez un terme au retard sous lequel nous gémissons tous, et dont la justice et l'humanité vous font un devoir d'abréger la durée.

Ce n'est pas tout : daignez soutenir votre patience, et nous suivre dans le développement du point de droit qui établit, d'une manière imperturbable, cette justice que nous réclamons auprès de vous en faveur d'une cause si majeure et d'une si grand intérêt.

Nous ouvrons la déclaration des droits de de l'homme et nous y lisons :

» ARTICLE I. Parmi les droits de l'homme » en société *est* la *propriété* ».

— » V. La *propriété* est le droit de *jouir* et

B

» de disposer de ses *biens*, de ses *revenus*, *du*
» *fruit de son travail et de son industrie* ».

» VIII. *C'est sur le maintien des propriétés*
» *que reposent la culture des terres, toutes*
» *les productions, tout moyen de travail, et*
» *tout l'ordre social.*

Nous passons à la constitution dont l'article
358 est conçu en ces termes :

» *La constitution garantit* l'INVIOLABILITÉ
» *de toutes les* PROPRIÉTÉS, *ou la juste indem-*
» *nité de celles dont la nécessité publique lé-*
» *galement constatée exigeroit le sacrifice* ».

Nous disons actuellement que toute asso-
ciation politique étant la *garantie spéciale*
de toutes les propriétés, cette garantie si formellement stipulée par notre constitution, em-
brasse les rentes et pensions sur l'état, comme
tout les autres biens, car elles ont, tout autant, le caractère de propriété que celles sur
particuliers, et que toutes les espèces d'im-
meubles réels et fictifs.

Donc nulle puissance humaine ne peut lé-
gitimement nous priver de nos rentes et pensions, car nulle puissance humaine n'est au-
dessus du pacte social.

Donc, en nous privant, on viole ouverte-
ment ce pacte.

Objectera-t-on que la nécessité publique pro-
duite par des dépenses extraordinaires, exige
que les rentiers et pensionnaires, aux termes
de l'article 358 de la constitution, fassent à
la patrie le sacrifice de leurs rentes et pensions ?

Eh bien ! nous supposons, contre toute raison, qu'il y ait pour la violation de la pro-

priété de nos rentes et pensions, une nécessité constatée dans une forme légale et avec une évidence irrésistible : alors nous demandons où est la juste indemnité que la constitution nous assigne?

Qu'est-ce qu'une juste indemnité? Ce n'est pas, sans doute, une promesse vague d'indemnité éventuelle, non: *une juste indemnité est celle qui couvre entièrement la perte dont elle doit être le dédommagement; c'est celle qui substitue à la propriété entière une propriété semblable, si la chose est possible, ou au moins d'un produit parfaitement égal.*

Nous a-t-on donné rien de semblable en échange des deux tiers de nos capitaux? Nous a-t-on donné rien qui en approchât? Pourroit-on, en nous enlevant le dernier tiers de notre propriété, imaginer un moyen de nous en assurer la juste indemnité telle qu'elle vient d'être définie dans le sens exact de la constitution? Non.

Si, par une divagation de raisonnement sur cette matière, on nous opposoit la nécessité de faire contribuer nos rentes aux charges publiques, nous opposerions à notre tour l'article 306 de la constitution qui porte que, « *les contributions de toute nature sont ré-* » *parties contre les contribuables à raison* » *de leurs facultés* ».

Nous ne sommes donc tenus des charges publiques que dans cette juste proportion.

A-t-on oublié que la loi du 24 août 1793, sur la première consolidation de la dette publique, avoit frappé de retenue les arrérages à écheoir de cette nature de charges; on ne prit pas même la peine de motiver cette retenue, par le mépris dont on affectoit de couvrir tout ce qui s'appelloit rentier. Cependant on ne tarda pas à suspendre l'effet de cette mesure, moins par un changement d'idée sur le compte des individus, que par la très-grande facilité de les payer avec un papier discrédité. Voyons aujourd'hui jusqu'à quel point les articles CXI de cette immortelle loi, et L de celle du 23 floréal an 2, seroient proposables et admissibles.

Personne n'ignore que chaque édit portant création d'emprunts viagers ou perpétuels, a exprimé, d'une manière précise, le denier productif des placemens, avec la promesse, non moins sollemnelle, de l'affranchissement de toute altération, diminution, modification pour ce produit. Tout le monde sait de même que, tantôt sous un prétexte, tantôt sous un autre, les rentes perpétuelles et viagères ont néanmoins éprouvé des réductions graduelles et successives, ensorte qu'au moment de leur liquidation ordonnée par la loi de 1793, le denier productif étoit déjà de beaucoup au-dessous de la mesure garantie par le contrat de constitution, et qu'on est parti de là, c'est-à-dire, de la *somme nette des arrérages subsistans*, pour procéder et arrêter les liquidations.

Il résulte de ces faits que, déjà et long-tems avant la révolution, les rentiers payoient, pour raison de leurs rentes, une contribution à l'état, et que cette contribution est restée en impôt annuel à la charge des propriétaires. Etablir actuellement une retenue sur cette nature de créance, ne seroit donc pas instituer l'impôt ordonné par l'article 306 du pacte social, mais un surcroît à l'obligation prescrite par cet article ; autant vaudroit dire aux propriétaires fonciers : la république vous a trouvés grêvés de l'imposition de plusieurs vingtièmes; nous vous laissons ces propriétés sur ce pied ; mais vous supporterez une nouvelle contribution.

Au reste si l'autorité croit pouvoir nous priver, soit de la totalité soit d'une partie de nos rentes, et au-de-là de notre contingent proportionnel dans les charges publiques, n'aurions-nous pas le droit incontestable de demander à cette autorité si nos rentes sont moins sacrées relativement à l'application que nous faisons à notre nourriture, à notre logement, notre vêtement, etc. etc., que ne le sont les loyers des maisons et les revenus des terres de nos voisins qui les emploient au même usage ?

Comment cette autorité répondroit-elle à cet argument si pressant ? Par le silence.

Eh bien ! si ce sont les besoins de l'état qui donnent lieu à l'invasion ou des trois quarts ou des deux tiers de nos rentes et pensions, la même cause ne rendroit-elle pas légitime l'invasion de semblables quotités des rentes sur particuliers, des revenus fonciers, des bénéfices du commerce et de l'industrie? Car il faut aller jusques là, ou payer les rentes et pensions sur l'état, prélévement fait d'une contribution seulement égale et jamais supérieure à celle que devront supporter les différentes autres espèces de revenus.

C'est bien aussi en invoquant les principes que nous venons de rappeller, que récemment un membre du conseil des cinq-cents (1) croyoit pouvoir demander que, « Toute per-
» sonne qui, depuis le 14 juillet 1789, auroit
» fait le sacrifice d'une ou de plusieurs propriétés
» particulières pour le service public, fût rem-
» boursée sur les fonds destinés aux dépenses
» imprévues, et qu'à défaut de fonds dispossi-
» bles il fût délivré des bons représentant une
» valeur métallique, et qui seroient reçus en
» paiement de domaines nationaux. ».

Cette proposition fût adoptée à l'instant ; mais le lendemain, un autre membre (2) en demanda le rapport avec cette énergie qui caractérise l'homme de bien. « Vous avez
» voulu, a-t-il dit, qu'à défaut de fonds dis-
» ponibles, il fût délivré aux citoyens expro-
» priés, des bons admissibles en paiement de
» domaines nationaux ; mais *considérez la va-*
» *leur de ces bons*, et vous vous convaincrez
» qu'au lieu de l'*indemnité réelle* que la cons-
» titution accorde à ces citoyens, *vous ne leur*
» *délivrez qu'une compensation fictive et*
» *illusoire.* Quel est celui de vous qui voudroit
» céder sa propriété à ce prix ? *Soyons justes*
» *envers les autres comme nous voudrions*
» *qu'on le fût envers nous* ».

Ce discours généreux et loyal valut à son auteur la faveur de l'impression, et décida le conseil à renvoyer la résolution de la veille

---

(1) Pison-du-Galand, séance du premier messidor.
(2) Delbret, séance du 2.

à un nouvel examen de la commission qui l'avoit provoquée.

Un autre membre, non moins ardent à prévenir la plus légère atteinte qu'une discussion précipitée pourroit porter au droit sacré de la propriété des citoyens, conséquemment à l'honneur national, réclama, par amendement, « Que la loi qui prononceroit l'indemnité à » accorder dans les cas dont il s'agissoit, eût » un effet rétroactif au-delà du 14 juillet 1789 ».

Voilà donc, citoyens Directeurs, un hommage éclatant rendu à la déclaration des droits, à la constitution, aux grands principes conservatoires du pacte social, cette égide commune aux rentiers et propriétaires fonciers. Par quelle fatalité cette égide n'a-t-elle donc pu préserver les premiers du coup mortel dont les a frappés la loi du 9 vendémiaire ?

Eh! par quelle fatalité encore cette égide, qui doit être impénérable aux coupables traits d'une injustice monstreuse, ne les préserveroit-elle pas du dernier des malheurs? Ah! cette sombre et déchirante idée à laquelle, nous le protestons, notre esprit n'eut jamais la moindre part, nous la repoussons avec indignation.

Ce ne sera sûrement pas en vain que, dans cette circonstance, le conseil des cinq-cents aura fait briller, d'une lumière si vive, son respect pour la charte constitutionelle...... Non, il prononcera la juste indeminté qu'elle garantit aux expropriés..... et déjà notre imagination nous présente le conseil des anciens attendant avec une noble impatience l'envoi d'une si belle résolution, pour lui imprimer, par son approbation, le caractère de loi.

Mais alors comment la concilier, cette loi à jamais mémorable pour le corps-législatif actuel, avec celle du 9 vendémiaire, qui en *quatre lignes* noyées dans cent douze articles de disproportions étrangères aux rentiers, a opéré plusieurs cent mille expropriations sans indemnité, ou du moins avec une indemnité *fictive et illusoire*, pour nous servir des propres expressions répétées au milieu du sénat, expressions qui appartiennent à toute la France, à l'univers entier ?

Par cette conduite envers les expropriés territoriaux, la justice nationale aura fait un grand pas dans les sentiers étroits de l'équité ; elle en aura à peine atteint le but, qu'un concert unanime de bénédictions et d'applaudissemens retentira de tous les points de la république, deviendra, pour le corps législatif, un tribut de reconnoissance d'autant plus doux et plus flatteur, qu'il l'aura mérité par un acte signalé de son attachement à la loi fondamentale de l'état.

Eh ! pourquoi les *expropriés rentiers et pensionnaires* dont les créances légitimes, mises d'abord par les premières législatures, sous la sauve-garde de l'honneur et de la loyauté française, garantie ensuite par le pacte social, ce rempart tutélaire de tous les citoyens indistictement ; pourquoi, disons-nous, ces infortunés, dont le 9 vendémiaire a fait une si cruelle distinction, ne se laisseroient-ils pas aller au consolant espoir qu'un jour, qui pourroit n'être pas éloigné, le corps législatif fera disparoître la tache déplorable dont un moment d'erreur, de trouble, d'effervescence, a inopinément souillé l'honneur national sans lequel il n'est point de véritable grandeur !

Mais jusqu'à l'époque de cet heureux événement aussi digne du burin de l'histoire qu'il le sera de la gratitude extrême de tant de milliers de familles plongées dans la détresse, veuillez, citoyens Directeurs, vous livrer immédiatement à l'exécution des lois qui nous assurent le paiement de nos arrérages et qui y affectent les fonds nécessaires.

Nous le savons : la guerre qui mettra le comble à la gloire nationale en achevant de vaincre l'Europe étonnée des hauts faits dus à l'amour de l'indépendance ; cette guerre, en absorbant les rentrées journalières de l'impôt, cause, bon gré mal gré, une gêne réelle dans le mouvement des finances de l'état, une temporisation forcée dans leur application régulière à diverses dépenses.

On nous accordera en retour que cette gêne, cette temporisation doivent être proportionellement réparties sur toutes les natures de charges. Or, l'indemnité des premiers magistats, le traitement des ministres, le salaire des fonctionnaires publics, et tout ce qui a quelque rapport au maintien de l'ordre, à la manifestation de la grandeur, et à la sûreté du corps social, font aussi partie des charges publiques ; et cependant on ne nous citeroit pas une circonstance où ces indemnités, ces salaires, ces frais se soient apperçus de l'embarras de la trésorerie.

Mais le plus petit événement vient-il réclamer l'emploi d'une partie des fonds publics, vîte on porte la hache sur les rentes et pensions, et cette propriété soutient *seule* le poids de l'événement : toujours les arrérages, jamais que les arrérages des rentes et pensions; voilà le point de mire ; il sembleroit que le paiement n'en est dû qu'à un mouvement de faveur, d'ostentation, de générosité ou de bienfaisance.

Voudroit-on nous forcer de dire que, de particulier à particulier, le créancier reçoit la loi du débiteur, lorsque celui-ci se trouve dans l'impossibilité physique de satisfaire à ses engagemens ? Mais ce cas n'arrive que lorsque le débiteur est en faillite ; et nous nous flattons qu'on seroit aussi mal reçu d'appliquer cette situation à la France, que de soutenir que telle dépense y est hautement *privilégiée*, telle autre simplement *chyrographaire*.

Citoyens Directeurs, le sujet que nous examinons est trop grand, pour qu'il ne nous soit pas premis d'exposer quelques unes des causes de cette gêne, de cette temporisation dont, *seuls*, nous éprouvons les effets : ces causes ne prennent pas toutes leur source dans les dépenses de la guerre proprement dites ; pour le prouver, ici encore nous ne tirerons rien de notre propre fonds; ces causes, nous les trouvons méthodiquement classées dans le compte rendu par la commission de surveillance de la trésorerie, dans les rapports sur la trop fameuse affaire de la compagnie Dijon, dans les nombreuses discussions dont se sont occupés les deux conseils. Avares de votre tems, citoyens Directeurs, nous allons vous donner un grand exemple de notre modération en bornant nos citatioins à quelques phrases du discours du représentant Marbot, séance du 14 frimaire an 6.

» Pourquoi souffrons-nous, disoit-il, que des marchés scandaleux existent encore, et qu'en vertu de ces marchés, des compagnies, qui ont fait manquer tous les services, qui n'ont même presque rien fourni, jouissent, sans rendre aucun compte, des sommes énormes qu'on leur a JETTÉES ? »

« Comment se fait-il qu'il y ait des hommes qui jouissent de doubles et triples traitemens pour des doubles et triples fonctions aussi inutiles les unes que les autres ? »

» Pourquoi y a-t-il à l'entour des ministres des conseils salariés qui ne conseillent rien ? Pourquoi ces inspecteurs qui ne font point d'inspection, ces professeurs sans écoliers, ces instituteurs sans élèves, ces brillans essais de la théorie, ces conceptions sans utilité pour la génération présente, cette foule d'établissemens dont on ne connoît pas même le nombre, et qui est tel que les dépendances du ministère de l'intérieur occupent, dans toute l'étendue de la république, quatre ou cinq mille maisons ?

« Pourquoi fermons-nous l'oreille à la voix de l'opinion publique, qui nous crie de toute part que la corruption est à toutes les portes, qu'elle dicte tous les marchés, qu'elle assiège les anti-chambres des ministres, qu'elle se glisse dans les négociations et jusques dans nos délibérations, et qu'elle empoisonne toutes les branches de l'administration publique ? »

« Certes, citoyens collègues, nos ressources

sont immenses ; mais elles consistent principalement dans *la suppression des dépenses inutiles*, dans la surveillance la plus sévère sur les administrateurs de la fortune publique, et *sur l'emploi des fonds que vous mettez à la disposition du gouvernement.* »

Ce sommaire, citoyens Directeurs, renferme tout ; il explique, sans détour, ces abus qui occasionnent l'ajournement indéfini de la justice qui nous est due à tant de titres, abus dénoncés depuis long-tems, qu'on parle toujours de déraciner et que jamais on ne déracine. Achevons notre examen.

Peut-être prenez-vous le change sur la détresse des rentiers et pensionnaires, parce qu'il en est quelques-uns dans cette commune fort au-dessus de cette désespérante extrêmité, soit par des possessions foncières, ou leur part dans les places lucratives, soit par leur industrie dans laquelle plusieurs comprennent l'agiotage, ou enfin, des prêts d'argent dont une insigne immoralité ne rougit pas d'exiger l'intérêt le plus excessif.

Mais ceux que nous désignons sous ces divers caractères, ne forment certainement qu'un infiniment petit, comparativement à la masse générale dont nous vous avons crayonné le tableau. Parmi les impressions qu'on pourroit chercher à vous inspirer relativement à nos malheurs, défiez-vous des *Narcisses* ; ils sont auprès des chefs des empires beaucoup moins rares que les *Burrhus* dont ils empruntent souvent les dehors.

Il n'y a pas, citoyens Directeurs, jusqu'à votre message pour inviter le Conseil à prendre *promptement* en considération la position des rentiers de 600 francs et au-dessous, qui ne nous paroisse donner ouverture à une loi d'exception toujours dangereuse dans ses conséquences.

Si le Conseil veut que quelques rentiers soient payés en entier, ce qui est d'une justice inviolable, il doit rétablir les autres sur le même pied.

En nous renfermant dans la série de celles de 601 à 1799 francs inclusivement, nous demandons pourquoi le sort des rentiers de cette série seroit pire que celui des rentiers propriétaires d'une rente de 600 francs juste, et pourquoi celui-ci seroit placé sur la même ligne que le rentier de 1,800 francs ?

Cette simple observation fait assez sentir qu'il n'y a pas lieu à consentir l'exception demandée.

Au moment où nous confions au papier ces tristes et peut-être inutiles réflexions, l'amitié avoit imaginé de mettre sur nos plaies un premier appareil salutaire, en nous communiquant quelques passages du dernier rapport de la commission des finances, dans lequel sont rappellés, avec une grande exactitude, les principes de crédit public, ce grand moyen de la richesse et de la prospérité des nations.

« C'est par *la bonne foi*, dit le rapporteur, par *l'exécution fidelle et rigoureuse de ses engagemens*, qu'on parvient au rétablissement, au maintien de ce crédit.

» Lorsque le gouvernement *manque à ses promesses, ajourne le paiement de ses créances, ne respecte pas la foi publique,* le désordre s'établit dans toutes les branches d'administration ; les fonctionnaires publics sont à peine dédommagés de leurs travaux ; les dilapidations deviennent générales ; la morale douce, les vertus sociales font place à l'astuce, à la fraude, au brigandage ; les passions cupides échauffent tous les esprits ; l'industrie, le commerce et les arts n'ont aucun attrait ; les LOIS SONT VIOLÉES ; à l'aisance générale succèdent les fortunes colossales et honteuses de quelques-uns, et la misère de tous.

» N'est-il pas déplorable, en effet, de voir que la Prusse emprunte à quatre pour cent, que les fonds anglais ne donnent que six pour cent d'intérêt aux prêteurs, que l'Allemagne reconstitue à quatre pour cent des contrats dont les arrérages étoient à cinq, et d'avoir à mettre en contraste avec ces faits constans, le fait non moins certain que l'on ne trouve de l'argent en France que sur le pied de vingt à vingt-cinq pour cent, et que le prix des propriétés s'y dégrade en raison de ce taux épouvantable, et devenu cependant familier ? »

Examinant ensuite la situation respective des finances des différens peuples de l'Europe, l'orateur trouve que « *tous*, même les moins robustes, les moins protégés par la nature, les moins industrieux abondent en numéraire, sont dans l'aisance et jouissent d'un grand crédit, parce que, chez eux, malgré les orages de la guerre, ou les convulsions qui les menacent, *la dette publique est honorée, qu'elle tient le premier rang dans le ca-*

talogue des besoins de l'état , tandis que, chez nous, cette dette est devenue, par le fait, un *être de raison ,* une *valeur nominale ,* pour laquelle on n'a pas seulement manifesté, par des mesures réelles, *la volonté d'en servir les arrérages* ».

A la suite de ces déclarations brillantées de phrases sonores , de l'étalage pompeux du sentiment de la justice , qui se seroit attendu que le rapporteur, en passant l'éponge sur nos arrérages échus au premier vendémiaire prochain, soit qu'il les envisage comme un complément d'offrande patriotique, soit qu'il les range *tacitement* dans l'arriéré pour l'immatricule en être faite sur le très-mortel grand-livre ; qui se seroit attendu , disons nous, qu'il proposeroit, à l'égard de ceux de ces arrérages, à courir , à compter de cette époque , des *bons admissibles pour toute personne en paiement de diverses contributions ?*

Quoi ! c'est là le rêve dont , depuis dix-huit mois, se tourmentoit Dominique-Vincent Ramel ! Ah ! citoyens directeurs , quel usage on vous fait faire du pouvoir de provoquer les lois ! Pourquoi celles auxquelles nous avons tant d'intérêt, sont-elles *toutes* marquées au cachet de notre ruine ?

Sans doute, cette monnoie, que vous avez la bonté de nous faire promettre exclusivement, sera comme celles que le même balancier a déjà frappées, à l'abri de la voracité de la guerre; mais si celle-ci doit offrir une garantie telle qu'aucune puissance ne pourra en rendre le succès douteux, d'où vient ne pas la consacrer de préférence à l'acquittement de telle ou telle dépense d'administration qui, de l'aveu de Bailleul, en cela d'accord avec la raison, ne doit figurer dans l'ordre des besoins de l'état que subsidiairement à la dette publique? d'où vient encore ne pas la réserver entièrement, nominativement, pour ces porteurs d'inscriptions achetées à vil prix et que, cependant et *pour cause*, on a assimilé aux créanciers originaires?

N'en déplaise à l'érudition profondément systématique de nos financiers de fraîche date, qui ne sont ni rentiers ni pensionnaires, en revanche devenus si facilement, si rapidement possesseurs d'immenses domaines; n'en déplaise à ces calculateurs égoïstes, apôtres infatigables des sacrifices qui ne les atteignent pas, cette monnoie et nos futures inscriptions au porteur, ne seront pas, comme on feint de le croire, l'objet de la recherche empressée des étrangers; déjà les informations de ceux-ci sur le compte des souscripteurs, ne sont plus chose à faire, et le résultat n'est pas celui de la confiance à laquelle, quoi qu'on dise, on n'a droit qu'autant que, pendant un long intervalle de *repos* et *d'ordre*, on a régulièrement joint au précepte l'exemple de L'ÉCONOMIE, *de la bonne foi* et *de la fidélité à ses engagemens.*

La justesse de cette assertion, il nous seroit aisé de la démontrer d'une manière irréfragable, car nous ne sommes pas tant dépourvus de bon sens qu'on se le persuade peut-être: oui, nous avons aussi l'orgueil de compter parmi nous des hommes éclairés, à qui les ouvrages qui traitent du crédit public ne sont point étrangers, dont les travaux arides, les méditations silencieuses et qui ont devancé l'hiver de leur vie, ont été utiles à la patrie, dont les veilles de longues années ont profité à ses enfans, qui font gloire de leurs services, quoique la date en remonte aux temps qui ont précédé la révolution, mais dont les fruits de leur expérience pratique semblent, par ce motif, consignés aux portes du Luxembourg, des ministres et des commissions.

Ces hommes que n'entraîne ni la magie de l'élocution, ni l'ascendant de la tribune, pour qui l'enthousiasme n'est pas un mouvement bannal, ont remarqué avec surprise, dans le discours de Bailleul, un principe énoncé pour la centième fois, et toujours par erreur comme utile et salutaire : *qu'il falloit que la recette égalât la dépense.* Passe dans un gouvernement monarchique, où on commence par fixer la somme des dépenses à raison de l'incurie ou du caprice, pour élever au même taux la somme de l'impôt, sans égard à la charge plus ou moins arbitraire de chaque contribuable. Dans un gouvernement représentatif, les calculs et la marche sont inverses : entouré de renseignemens qui paroissent avoir manqué jusqu'à ce jour aux commissions des finances, on examine d'abord, jusqu'au scrupule, quelle peut être la mesure exacte et précise du contingent individuel dans l'impôt ; ensuite on régularise la dépense, seulement jusqu'à concurrence de cette mesure, et jamais au-delà.

Ceci, comme beaucoup d'autres paragraphes du même discours, demanderoit quelques développemens qui n'appartiennent pas à la question : au surplus les hommes dont nous venons de parler n'ont pas été séduits par les dispositions proposées par Bailleul; ils n'y trouvent pas formellement la dérision de notre foiblesse, ni l'insulte cruelle du plus fort; mais ils n'y voient qu'un nouveau vernis couché sur le même fond, un *mezzo termine, voces, et praeterea nihil.*

Dans cet état, citoyens directeurs, que nous serviroit de porter plus loin le raisonnement, de nous appésantir sur les mille et une raisons qui sollicitent en notre faveur un acte de justice dû à tant de titres? que nous serviroit de lutter contre la toute-puissance? Non moins fatigans que fatigués, suivons plutôt le conseil de la prudence qui nous prévient que, si on compte pour rien ce respect pour les autorités constituées, cette entière soumission aux lois qui repoussent de nous l'idée que le désespoir des opprimés ressemble au désespoir des vaincus; que si c'est en vain que nous nous épuisons en efforts pour centupler les preuves de notre étonnante résignation; qu'enfin si, malgré des sacrifices tellement pénibles, des privations tellement rigoureuses, que les couleurs manquent pour les peindre avec vérité, notre situation reste constamment frappée d'un isolement qui tient de l'ingratitude et du mépris, nous n'avons plus qu'à nous écrier:

O vous! qui avez juré la perte des rentiers et pensionnaires, soyez satisfaits. Depuis quatre ans, ces rentiers, ces pensionnaires s'éteignent, et leur créance avec eux..... Chaque jour, l'abandon dans lequel on les laisse, les moissonne...... chaque jour, cet endurcissement sur la misère qui ombrage leurs derniers ins-

tans, les assassine..... encore quelques dé-
cades..... et le trésor public ne leur devra
plus rien ! ! !.... Hospices consacrés au soula-
gement de l'humanité souffrante, multipliez-
vous ! de nouvelles et nombreuses victimes
vont se presser autour de votre enceinte ! Et
vous tombeaux, asile de paix pour l'infortune,
que vos portes, comme celles du temple de
Janus, soient toujours ouvertes ! quelles que
soient votre étendue, votre profondeur, bientôt elles seront comblées, et ce que les crimes
se promirent au confluant du Rhône et de la
Loire, la famine va l'achever sur les bords de
la Seine ! ! ! !

ERRATA.

Page 10, ligne 21 : au-lieu de *peuple malheureux*, lisez
peuple de malheureux.

—ligne 7 : au-lieu d'*entérieurement*, lisez *antérieurement.*

Id. 14, ligne 4 : au-lieu de *entre les mains des créanciers*,
lisez *entre les créanciers.*

Id. 17, ligne 30 : au-lieu d'*une si grand*, lisez *d'un si grand.*

Id. 18, ligne 26 : au-lieu *en nous privant*, lisez *en nous en
privant.*

Id. 19, ligne 7 : au-lieu de *contre les contribuables*, lisez
entre les contribuables.

Id. 24, ligne 5 : au-lieu de *disproportions*, lisez *dispositions.*

Id. 26, ligne 2 : au-lieu de *trop grand*, lisez *trop grave.*

www.ingramcontent.com/pod-product-compliance
Lightning Source LLC
LaVergne TN
LVHW020449060726
842525LV00005B/1607